À Chirine

E. P.

Pour tous les grands ours
qui aimeraient bien qu'on les laisse tranquilles !

M. B.

Ours qui Lit

Une histoire racontée par Éric Pintus
et illustrée par Martine Bourre

Didier Jeunesse

20 décembre…

Automne, le paresseux Automne, est toujours là.
La forêt, la merveilleuse forêt d'érables, est tout en rouge.
Dans la forêt, il y a un arbre et, contre l'arbre, assis,
le derrière parmi les feuilles, il y a Ours, le nez dans un livre.

Ours qui lit, ce n'est pas tous les jours.

Arrive **Renard**, par hasard,
qui voit Ours et son livre. Renard va lui parler,
pour se moquer.

– Salut, Ours ! Qu'est-ce que tu fais ?

– Je lis.

– Tu lis ? Tu lis quoi ?

Ours, **dérangé**,
ne lève pas le nez.

– Je lis la liste des animaux
que je dois manger aujourd'hui.
– Ah… Je suis dessus ?
– Renard… ne bouge pas…

La griffe d'Ours court sur la page, s'arrête.
– Oui, Renard, tu es dessus.

La forêt est devenue silencieuse.

– Je peux aller dire au revoir à la femme
et aux enfants ?
– Bien sûr, Renard.

Renard s'en va,
dire au revoir à la renarde, aux renardeaux.
Il revient voir Ours.

Ours… le bouffe.

Arrive **Loup**, tout à coup,
qui voit Ours et son livre.
Loup va lui parler, pour demander.
– Salut, Ours ! Qu'est-ce que tu fais ?
– Je lis.
– Tu lis ? Tu lis quoi ?

Ours, **navré**,
ne lève pas le nez.

– Je lis la liste des animaux
que je dois manger aujourd'hui.
– Ah... Je suis dessus ?
– Loup... ne bouge pas...

La griffe d'Ours court sur la page...
« Loup, y es-tu ? »... s'arrête.
– Oui, Loup, tu es dessus.

La forêt continue de se taire.

– Je peux aller dire au revoir
à la femme et aux enfants ?
– Bien sûr, Loup.

Loup s'en va,
dire au revoir à la louve, aux louveteaux.
Il revient voir Ours.

Ours le bouffe.

Arrive **Sanglier**, poil aux pieds,

qui voit Ours et son livre. Sanglier va lui parler,
pour s'amuser.

– Salut, Ours ! Qu'est-ce que tu fais ?

– Je lis.

– Tu lis ? Tu lis quoi ?

Ours, **agacé**,
ne lève pas le nez.

– Je lis la liste des animaux que je dois manger aujourd'hui.
– Ah... Je suis dessus ?
– Sanglier... ne bouge pas...

La griffe d'Ours court sur la page, s'arrête.
– Oui, Sanglier, tu es dessus.

La forêt a la gorge nouée.

– Je peux aller dire au revoir à la femme et aux enfants ?
– Bien sûr, Sanglier.

Sanglier s'en va, dire au revoir à la laie, aux marcassins.
Il revient voir Ours.

Ours le bouffe.

Arrive **cerf**, tête en l'air,
qui voit Ours et son livre. Cerf va lui parler,
pour se renseigner.
– Salut, Ours ! Qu'est-ce que tu fais ?
– Je lis.
– Tu lis ? Tu lis quoi ?

Ours, **énervé**,
ne lève pas le nez.

– Je lis la liste des animaux que je dois manger aujourd'hui.
– Ah… Je suis dessus ?
– Cerf… ne bouge pas…

La griffe d'Ours court sur la page, s'arrête.
– Oui, Cerf, tu es dessus.

La forêt manque d'air.

– Je peux aller dire au revoir à la femme
et aux enfants ?
– Bien sûr, Cerf.

Cerf s'en va,
dire au revoir à la biche, aux faons.
Il revient voir Ours.

Ours le bouffe.

Arrive **Blaireau**, poil au dos,
qui voit Ours et son livre. Blaireau va lui parler,
pour rigoler.

– Salut, Ours ! Qu'est-ce que tu fais ?

– Je lis.

– Tu lis ? Tu lis quoi ?

Ours, **excédé**,
ne lève pas le nez.

– Je lis la liste des animaux que je dois manger aujourd'hui.
– Ah... Je suis dessus ?
– Blaireau... ne bouge pas...

La griffe d'Ours court sur la page, s'arrête.
– Oui, Blaireau, tu es dessus.

La forêt voudrait crier.

– Je peux aller dire au revoir à la femme et aux enfants ?
– Bien sûr, Blaireau.

Blaireau s'en va,
dire au revoir à... à la... à la blaireaute, aux... blaireautons.
Il revient voir Ours.

Ours le bouffe.

Arrive **Corbeau**, tout là-haut,
qui voit Ours et son livre. Corbeau va lui parler,
pour s'occuper.

– Salut, Ours ! Qu'est-ce que tu fais ?

– Je lis.

– Tu lis ? Tu lis quoi ?

Ours, **désolé**,
ne lève pas le nez.

– Je lis la liste des animaux
que je dois manger aujourd'hui.
– Ah... Je suis dessus ?
– Corbeau... ne bouge pas...

La griffe d'Ours court sur la page, s'arrête.
– Oui, Corbeau, tu es dessus.

La forêt voudrait être ailleurs.

– Je peux aller dire au revoir à la femme
et aux enfants ?
– Bien sûr, Corbeau.

Corbeau s'en va, dire au revoir
à... à la... à la corbeille, aux... corbillards.
Il revient voir Ours.

Ours le bouffe.

Les heures passent.

Les animaux passent :

le castor, le chasseur, le chat sauvage, le chevreuil, le crapaud,
l'écureuil, le faisan, le furet, le hérisson, le hibou, le moustique,
le poisson rouge, le rat, le serpent, le taon...

Toujours la même question, toujours la même réponse.

Ours qui lit, les animaux n'en reviennent pas.

Arrive **Lapin**, poil aux mains,
qui voit Ours et son livre. Lapin va lui parler,
pour lui parler.
– Salut, Ours ! Belle journée ?
– Belle journée !
– Tu lis quoi ?

Ours, **satisfait**,
ne lève pas le nez.

– Je lis la liste des animaux
que je dois manger aujourd'hui.
– Ah… Je suis dessus ?
– Lapin… ne bouge pas…

La griffe d'Ours court
sur la page, s'arrête.
– Oui, Lapin, tu es dessus.

La forêt regarde ailleurs.

– Tu peux me **rayer** ?
– **Euh…**

Oui !

Lapin s'en va, rejoindre la famille.
Automne s'en va, il a fini sa saison.
Ours s'en va.

Ah !
Lire, tranquille,
enfin !

Arrivera Printemps, tout recommencera !